Allergiefreier Garten

KOSMOS

Brigitte Klemme

Allergiefreier Garten

KOSMOS

Inhalt

Allgemeines

Allgemeine Hintergründe

Die leichten Pollen von Koniferen (hier: männliche Blüte der Fichte) werden an trockenen Tagen kilometerweit vom Wind verweht.

Duftende Blüten, wie die der Engelstrompete, können Allergien auslösen, auch wenn der Pollen selbst nicht allergen ist.

Pollen, Sporen, Pflanzendüfte – Allergene umgeben uns rund ums Jahr. Sie schweben in der Luft, sie lagern sich auf Blättern, Kleidung und anderen Materialien ab und machen Allergikern das Leben schwer. Trotz Schweb- und Haftfähigkeit von Pollen und Sporen brauchen Allergiker nicht auf einen Garten zu verzichten. Unbedingt notwendig ist es aber zu wissen, welche Pollen oder Inhaltsstoffe von Pflanzen bzw. Sporen die Allergie auslösen. Auch ein allergiereduzierter Garten ist nicht frei von Blütenstaub, Düften und Sporen. Ein genaues Verständnis der blütenbiologischen Zusammenhänge trägt dazu bei, unbedenkliche Pflanzen, den richtigen Zeitpunkt, geeignetes Wetter und Kleidung für die persönlichen Erfordernisse auszuwählen.

Allergie – Überreaktion des Immunsystems

Als Schutzreaktion vernichten die körpereigenen Abwehrkräfte (das Immunsystem) fremde Stoffe, die in den Körper eindringen. Durch die Reaktion des Immunsystems können wir alle Unannehmlichkeiten einer Infektion durchlaufen, bis die Erreger abgetötet sind. Danach ist der Körper „immun“ gegen eine Erkrankung geworden oder kann bei einem wiederholten Angriff gleicher Antigene den Abwehrmechanismus schneller aktivieren, so dass dann meist keine oder nur schwache Krankheitssymptome auftreten.

Was aber, wenn das Immunsystem den fremden Stoff zwar erkennt, aber nicht mehr fähig ist zu differenzieren, ob es ein schädlicher Krankheitserreger oder nur ein harmloses Pollenkorn ist? Es kommt zu einer Aktivierung des Immunsystems, aber der Körper wird jetzt sensibilisiert und nicht – wie bei Krankheitserregern – immun. Nach einem erneuten Kontakt mit den Allergenen ist die Abwehrreaktion so heftig, dass sensibilisierte Personen je nach Konstitution Krankheitssymptome ausprägen ohne „krank“ zu sein. So reagieren Allergiker zum Beispiel auf die Aufnahme von

Pollen über die Schleimhäute von Augen und Nase mit der Bildung von Antikörpern, die die Produktion von Histaminen ankurbeln, die für die Entwicklung der Symptome des Heuschnupfens verantwortlich sind.

Heute fasst man unter „Allergie“ alle Überempfindlichkeitsreaktionen zusammen, die durch eine Immunreaktion ausgelöst werden. Der Körper reagiert auf körperfremde und grundsätzlich harmlose Stoffe (Allergene) mit einer Überreaktion des Immunsystems, so als wäre er von gefährlichen Krankheitskeimen befallen worden.

Es gibt inzwischen kaum Pflanzen, die nicht bei irgendjemandem Nießkaskaden und noch viel heftigere Symptome auslösen. Bereits ein Drittel der Bevölkerung reagiert mit Krankheitssymptomen auf körperfremde Stoffe – mit steigender Tendenz.

Allergische Reaktion oder echte Allergie?

Unter allergischen Reaktionen versteht man im Allgemeinen lokale Irritationen des Körpers (bevorzugt der Haut) auf den Kontakt mit Pflanzen oder anderen Materialien und Substanzen. Jeder kennt die Folgen der Begegnung mit einer Brennnessel – eine typische allergische Reaktion der Haut.

Sehr heftig antwortet unsere Haut beispielsweise auf die Berührung von Weinraute, Pastinake und Herkulesstaude. Diese Pflanzen enthalten Furanocumarine, die die Haut extrem sensibel gegenüber Sonnenlicht machen. Sonnenbrand mit Brandblasen und Pigmentveränderungen sind die Folge, die nur langsam wieder vergehen. Solche allergischen Reaktionen können auch bei Menschen auftreten, die ansonsten nicht unter Allergien zu leiden haben.

Was macht allergisch?

Ob Pollen, Pflanzensäfte, Düfte, Pilzsporen, Lebensmittel, Hausstaubmilben, Tierhaare, Insektengifte oder Chemikalien. Inzwischen sind etwa 20.000 Substanzen bekannt – und es werden ständig mehr –, die Allergien auslösen können.

Weinraute enthält ätherische Öle und kann Kontaktallergien auslösen.

Die Pollenallergie ist nicht nur die bekannteste, sondern auch diejenige Allergie, von der die meisten Menschen betroffen sind – vom leichten Heuschnupfen bis zum lebensgefährlichen Asthma. Sehr häufig reagieren Allergiker auf Blütendüfte und auf die in Pflanzen enthaltenen ätherischen Öle. Diese leicht flüchtigen Substanzen können sowohl durch Berührung über die Haut als auch über die Atemwege aufgenommen werden. Man vermutet, dass die Veranlagung (Disposition) für Allergien vererbt wird.

Heute weiß man, dass psychischer Stress eine Allergie verstärken und seelische Ausgewogenheit sie abklingen lassen können. Mit zunehmendem Alter des Menschen wird das Immunsystem schwächer und die Anfälligkeit gegenüber Krankheitserregern stärker. Es wird vermutet, dass deshalb auch im Alter Allergien neu auftreten können.

Blütenstrategien

Jede Gärtnerin und jeder Gärtner weiß, dass die Blüte einer Pflanze so ausgestattet sein muss, dass der Pollen (die männlichen Samenanlagen) auf den Stempel (die weiblichen Samenanlagen) übertragen werden kann – nur dann werden sich Früchte mit Samen entwickeln.

Eine vollständige Blüte besteht aus einem vorwiegend grünen Kelch mit unterschiedlich vielen Kelchblättern und einer meist sehr auffällig gefärbten Krone mit wenigen bis zahlreichen Kronblättern. Kelch und Krone umhüllen die männlichen und weiblichen Samenanlagen. Der Stempel setzt sich zusammen aus dem Fruchtknoten, der nach der Befruchtung die Frucht mit dem Samen entwickelt und dem Griffel mit der Narbe, der den Pollen aufnimmt. Um den Stempel herum gruppieren sich die fädigen Staubblätter, die meist zwei Pollensäcke tragen. Sie platzen auf und geben den reifen Pollen (Blütenstaub) frei. Am Grunde der Blütenblätter oder auf dem Blütenboden rund um die Staubblätter befinden sich die Nektardrüsen. Die verschiedenen Bestandteile einer Blüte können so unterschiedlich gestaltet sein, dass es zuweilen schwer fällt, sie zu erkennen.

Blumen und Bienen – eine nützliche Lebensgemeinschaft. Die Insekten übertragen Pollen und erhalten nahrhaften Nektar und Blütenstaub.

Schmalblättriges Weidenröschen (Epilobium angustifolium), *typische Blüte mit Narbe und Staubblättern*

Blumen und Insekten – eine Lebensgemeinschaft

Die Natur hat eine fast unerschöpfliche Vielfalt von Blüten entwickelt. Für uns sind es attraktive Blüten oder das Versprechen einer reichen Ernte von schmackhaften Gartenfrüchten und Samen für den Blumengarten. Für die Pflanze dagegen sind die Blüten notwendig, um die eigene Art zu erhalten, neue Lebensräume zu erschließen und durch genetischen Austausch flexibel und anpassungsfähig zu bleiben. Dieses Ziel erreichen Pflanzen dadurch, dass sie Selbstbestäubung vermeiden und „Vermittler" anlocken, die den Pollen übertragen. Im Laufe der Evolution haben sich klassische Symbiosen zwischen Bienen, Hummeln, Fliegen, Käfern, Faltern, auch Vögeln oder Säugetieren (Fledermäuse) und Blüten entwickelt, bei denen jeder Partner von der Beziehung profitiert. Die Bestäuber erhalten als Belohnung Pollen, Nektar, Öle, Duftstoffe sowie gelegentlich auch ein Nachtquartier und die Blüte wird garantiert bestäubt.

Werbekampagnen der Pflanzen

Pflanzen haben erstaunliche Strategien entwickelt, um die richtige Gruppe von Bestäubern anzulocken. Für Hummeln wird der Nektar häufig tief in der Blüte in einem Sporn versteckt, so dass beim Hineinkriechen der Pollen abgestreift und der Rücken mit neuem beladen wird (Lippenblütler).

Für Bienen entlassen die Nekatardrüsen besonders viel süßen Nektar. Solche Pflanzen bezeichnet man als Bienenweide. Beinwell (*Symphytum officinale*) ist der Spitzenreiter unter den einheimischen Nektarproduzenten. Er wird noch übertroffen vom Gartenkürbis, der 28 mg Nektar pro Tag in einer Blüte herstellt und noch dazu den größten Pollen von einem Durchmesser von 0,2 mm hat. Bienenweiden stellen ein gewisses Risiko dar für alle, die auf Bienengift reagieren. Für Fliegen wird auf einem Ensemble von Blüten (Doldengewächse) der Nektar offen dargeboten und zusätzlich ein Duft nach Aas entlassen. Dagegen wird für Tagfalter durch ein besonderes Arrangement der Blüten ein Landeplatz geschaffen und Nektar in einer Blütenröhre gebildet (Wasserdost, Wilder Majoran). Dagegen locken auf Nachtfalter spezialisierte Blüten mit betörenden Duft nach Sonnenuntergang (Engelstrompete, Geißblatt).

Viele Orchideenarten haben eine der ungewöhnlichsten Strategien: Die Blüte ist so geformt, dass sie dem begattungsfreudigen Weibchen bestimmter Insekten ähnelt. Die liebestrunkenen Männchen fliegen auf das „Blüten-Weibchen“, erhalten aber nur ein Pollenpaket und sonst nichts.

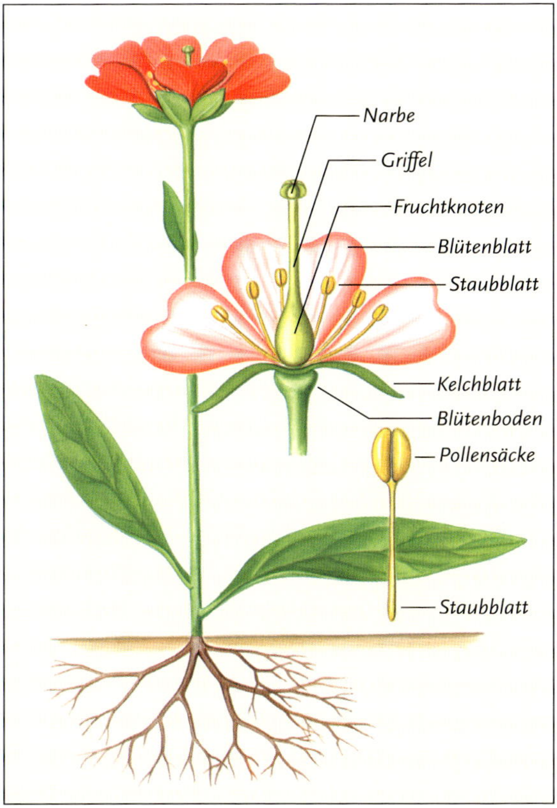

Blütenformen

Pollenproduktion

Scharbockskraut, Ranunculus ficaria, *verbreitet sich hauptsächlich durch Ausläufer, Brut- und Speicherknöllchen. Auch wenn viele Bienen die Blüten anfliegen, entstehen selten Früchte.*

Energiesparmassnahmen

Nektar- und Pollenproduktion erfordern Energie, die von der Pflanze bereitgestellt werden muss. Verständlich, dass Pflanzen versuchen, mit Täuschungsmanövern trotzdem zum Erfolg zu kommen. So kann durch Pigmentierung ein üppiger Pollengehalt vorgetäuscht werden, von mehren Nektardrüsen nur eine oder zwei gefüllt werden oder Nektar nur von einigen wenigen Blüten eines Blütenstandes geliefert werden. Eine fast geniale Täuschung ist einigen Vertretern der Familie der Korbblütler (*Asteraceae*) gelungen. Sie vereinen Hunderte von unscheinbaren Blüten in einem dem Kelch ähnlichen Körbchen und gruppieren um die unscheinbaren, befruchtungsfähigen Blüten auffällig gefärbte und große aber „taube" Lockblüten. Durch das Arrangement wird den Insekten eine große Blüte mit viel Pollen und Nektar vorgetäuscht. Auch wir bewundern oft die vermeintliche Einzelblüte der Sonnenblume, des Gänseblümchens oder der Kokardenblume.

Der wertvolle Pollen, der vom Wind leicht verweht werden kann, wird häufig so in der Blüte versteckt, dass er nur für das Insekt zugänglich ist, nur durch die Berührung freigesetzt wird oder gar so schwer ist, dass er nicht „flugfähig" ist. Leider wird trotzdem bei vielen Arten aufgrund der auf die Insekten ausgerichtete Anordnung von Blütenblättern und Staubblättern Pollen vom Wind „nutzlos" verweht, so dass die Luft damit angereichert wird – zum Nachteil für Allergiker. Eine Gruppe von Pflanzen, die sich an einen ungewöhnlichen Standort oder an ungewöhnliche Jahreszeiten für die Blüte angepasst haben, verzichtet weitgehend auf Pollen und vermehrt sich hauptsächlich durch Ausläufer, Brutknöllchen oder Brutzwiebeln.

Vom Wind „befruchtet"

Für eine große Gruppe von Pflanzen ist gerade die Leichtigkeit des Pollens wichtig, denn sie verzichtet vollständig auf Bestäubung durch Tiere. Die Blüten sind so entwickelt, dass die großen Pollenmengen vom Wind getragen auf die nächste Blüte treffen. Um schwebfähig zu sein, haben Pollen einiger Arten spezielle Luftsäcke ausgebildet. Die Blüten der „Windblumen" bilden deshalb weder auffällige Blüten aus noch produzieren sie Nektar. Dagegen müssen die Staubblätter mit den Pollensäcken frei zugänglich für den Wind sein. Typische Vertreter sind Gräser, Nadelbäume, Eiche, Buche, Birke, Hasel, Weiden und Pappeln, aber auch Beifuß, Meldearten und viele mehr.

Männliche und weibliche Blüten

Ob Windblumen oder Insektenblumen, in jeder Gruppe gibt es Strategen, die, um Selbstbefruchtung auszuschließen, die männlichen und weiblichen Blüten

Haselnusssträucher, Corylus avellana, *blühen ab Februar. Ein einziges Kätzchen verstreut bis zu 2 Millionen Pollenkörner.*

trennen, die normalerweise in einer so genannten zwittrigen Blume vereint sind. Pflanzen nennt man zweihäusig, wenn die Blüten auf getrennten Pflanzen vorkommen und einhäusig, wenn sie in getrennten Blüten aber auf einer Pflanze wachsen. So sind Brennnessel (*Urtica dioica*), Salweide (*Salix caprea*) und die Rote Lichtnelke (*Silene dioica*) zweihäusig, dagegen sind Birke, Hasel, das Küchenkraut Pimpinelle (Kleiner Wiesenknopf, *Sanguisorba minor*) und der Gartenkürbis einhäusig. Die männlichen Blüten bilden den Pollen und in den weiblichen Blüten ist nur der Stempel mit Fruchtknoten und Narbe vorhanden.

Wissenswertes

Blütenpollen sieht für das bloße Auge wie Staub aus und erst bei 1000facher Vergrößerung im Rasterelektronenmikroskop ist seine faszinierende Oberflächenstruktur zu erkennen. Die Pollen von Insektenblumen sind zusätzlich mit einer klebrigen Substanz, dem Pollenkitt, überzogen. Die Pollen bleiben deshalb sehr gut an den Tieren haften und werden sicher zur nächsten Blüte getragen.
Werden Pollenkörner von Allergikern eingeatmet, so quellen sie in der Schleimhaut und entlassen Eiweißmoleküle, die die Immunreaktion auslösen.

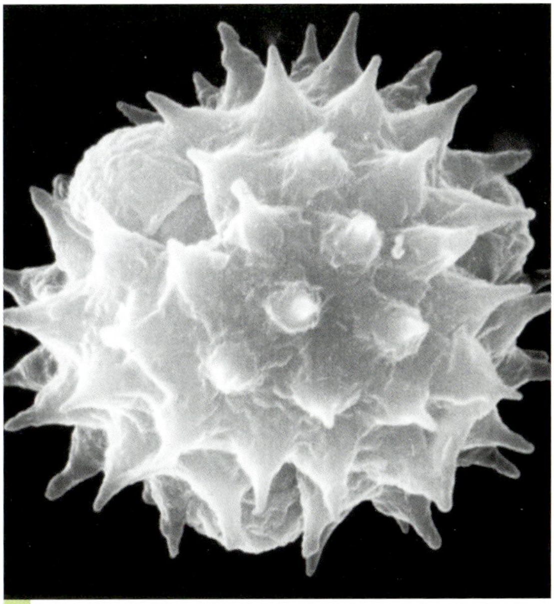

Die Oberflächenstruktur von Pollen (hier: Gänseblümchen) ist im Rasterelektronenmikroskop zu erkennen. Sie ist für jede Pflanzenart charakteristisch.

Arbeiten im Garten

Es muss nicht Astronautenlook sein

So bunt kann ein allergiefreier Garten sein.

Viele der folgenden praktischen Tipps können helfen, einen Allergie reduzierten Garten zu gestalten – ausprobieren und den Effekt fühlen muss jede Gärtnerin und jeder Gärtner allerdings selbst.

Blütenstaub von Insektenblumen ist klebrig und der von Windblumen ist klein und leicht – kein Wunder dass er an Kleidung und Haaren haftet. Je flauschiger die Kleidung desto besser kann sich Pollen festsetzen. Auf keinen Fall sollte deshalb Kleidung aus Wolle oder sehr rauer Faser (Strickgewebe) getragen werden. Es ist anzunehmen, dass Schmutz abweisendes Teflongewebe geeignet ist. Es ist sehr leicht und angenehm zu tragen und trocknet nach der Wäsche sehr schnell.

Die Haare lassen sich sehr einfach unter Kopftuch und Hut verstecken und Augen können mit einer Fahrradbrille geschützt werden. Ein feuchtes Tuch als Mund- und Nasenschutz ist sicher wirksam, aber ob die Gartenarbeit dann noch Spaß macht, ist eher fraglich.

Es lässt sich nicht völlig vermeiden, dass Blütenstaub an der Kleidung haften bleibt. Tragen Sie die Gartenkleidung am besten nur im Garten und wechseln Sie sie, wenn Sie ins Haus gehen. Auch häufiges Waschen oder Absprühen kann nützlich sein. Die Haare – ideale Pollenfänger – sollten nach der Gartenarbeit gewaschen werden.

Leichter haben es diejenigen, bei denen durch Kontakt mit Pflanzen die Allergie ausgelöst wird: Tragen Sie einfach Gartenhandschuhe und werkeln Sie nicht in der Badehose im Garten.

Profi Tipp von mein schöner Garten

Ansehen immer – abpflücken nie! Auch wenn Blumensträuße aus dem eigenen Garten schön sind, beim Blumen schneiden werden zu viele Pollen aufgewirbelt. Auch Hacken zwischen blühenden Blumen muss nicht sein.

Gibt es eine allergiefreie Jahreszeit?

Welche Jahreszeit ein Allergiker meiden muss ist abhängig von den Allergenen, auf die er reagiert. Am einfachsten richtet man sich nach dem Pollenflugkalender und der örtlichen Pollenflugvorhersage und gestaltet sein eigenes Umfeld so, dass keine Gefahr von ihm ausgeht.

Sonnige, frische Wintertage im November und Dezember sind für alle ideal, um Bäume und Hecken zu schneiden, umzugraben, abgeblühte Stauden zu entfernen und Zwiebeln der Frühlingsblumen zu stecken. Im Januar können bereits die ersten Haselpollen fliegen.

Tageszeit und Wetter

Im Sommer können Allergiker den blühenden Garten an windstillen und sonnigen Tagen um die Mittagszeit genießen. Die Pollendichte ist dann in Bodennähe am geringsten.

Frühaufsteher oder Nachtschwärmer?

Blumen blühen von 5.00 Uhr morgens bis 8.00 Uhr abends – fast unmöglich eine pollenfreie Tageszeit im Freien zu erwischen. Die Heckenrose beginnt den Blütenreigen bei Sonnenaufgang und mit Nachtkerze und Leimkraut hört er nach Sonnenuntergang auf. Der Löwenzahn hat die höchste Pollendichte und höchste Nektarproduktion zwischen 11.00 und 14.00 Uhr (Normalzeit) und die Wegewarte ist bereits gegen 13.00 Uhr verblüht. Obstbäume blühen rund um die Uhr und Gräser fast zu jeder Zeit.

Und trotzdem, es gibt die „fast" pollenfreie Tageszeit. An einem warmen, windstillen Tag ist erstaunlicherweise die Pollendichte der Luft um die Mittagszeit am geringsten, obwohl die meisten Blüten geöffnet sind. Dieses Phänomen hängt mit der Erwärmung der Luft während des Tages zusammen und wird Konvektionsströmung genannt. Die Luft steigt mit dem Sonnenstand nach oben und sinkt am späten Nachmittag wieder nach unten. Die Strömung trägt die Pollen in höhere Luftschichten und mit ihr fallen sie wieder zurück (vgl. Grafik S. 15). Die Mittagspause lässt sich also gut im Garten genießen – mit oder ohne Arbeit.

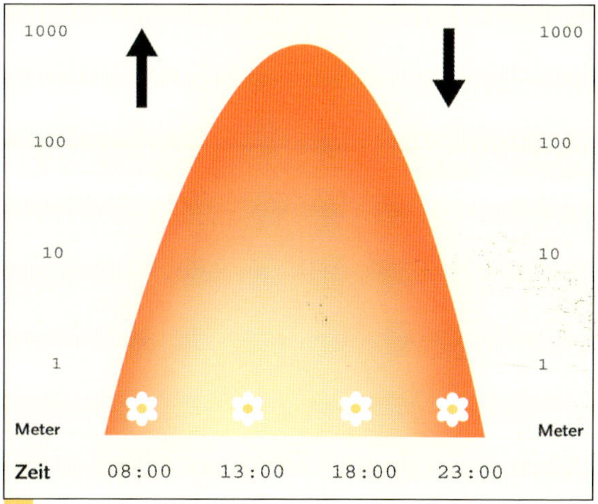

Die Grafik zeigt, wie der Blütenstaub am Vormittag mit der Luftströmung in höhere Luftschichten getragen wird und am Nachmittag wieder zurückfällt.

Sturm und Wind im Mai. Kein Wetter für Allergiker. Trübes, feuchtes Wetter lässt Allergiker aufatmen.

Auch Frühaufsteher haben keine Probleme, denn vor 8.00 Uhr morgens sind noch keine Pollen unterwegs. Dagegen ist die Pollendichte am Nachmittag bis spät in die Nacht am höchsten.

Welches Wetter ist das richtige?

Fragt man Allergiker, welches Wetter für sie ideal ist, so wird man wahrscheinlich so viele Antworten erhalten, wie man Personen gefragt hat. Da die Symptome sehr individuell empfunden werden, kann es hilfreich sein, durch ein Wetter-Allergie-Tagebuch die beste Zeit für den Gang ins Grüne zu ermitteln.

Bei windstillem und feuchtem Wetter sowie geschlossener Wolkendecke sind die meisten Blüten geschlossen und auch der Pollen von Windblüten wird weniger verweht. Zu empfehlen sind auch Tage oder Tageszeiten nach kräftigem Regen. Wer die Kosten nicht scheut, kann auch mit dem Gartenschlauch einen milden Regen hervorrufen.

Bedingt durch die vertikalen Luftströmungen an warmen aber windstillen Tagen, sind erfreulicherweise in der Mittagszeit wenig Pollen unterwegs. Also können auch Allergiker bei schönem Sommerwetter einige Stunden im Grünen genießen.

Regen reinigt die Luft. Die meisten Pollen fallen mit den Tropfen zu Boden und von den sich selbst reinigenden Blättern werden sie abgewaschen.

Schadensbegrenzung für Allergiker

Bei der Gartenarbeit lässt es sich nicht vermeiden, dass abgelagerter Pollen, Staub und Pilzsporen wieder aufgewirbelt werden. Einen Garten zu schaffen, in dem man nicht zu arbeiten braucht, ist eine Illusion. Es gilt also sorgfältig zu überlegen, wie man Schaden begrenzen kann. In einzelnen Fällen sollte Hilfe von Nachbarn oder professionellen Gartenbetrieben in Anspruch genommen werden.

Blumen für die Vase schneiden: eine Freude für GärtnerInnen – ein Tabu für Allergiker

Rasenmähen – ein notwendiges Übel

Rasen muss gemäht werden. Ein Horror für Allergiker mit Heuschnupfen oder Asthma. Die schnell rotierenden Schneidmesser des Rasenmähers blasen nicht nur Pollen, sondern auch Pilzsporen und Staub in die Luft. Das Gleiche gilt für Vertikutiergeräte. Erleichterung ergibt sich, wenn man die Rasenfläche so klein wie möglich anlegt und vermeidet, dass der Rasen durch Düngen schnell nachwächst.

Wählen Sie zum Mähen am besten einen feuchten Tag, an dem es gerade noch möglich ist, den Rasenmäher problemlos zu bedienen.

Beim Heckenschneiden wird abgelagerter Pollen aufgewirbelt. Das Trimmen von Laubhecken besser auf die Wintermonate verschieben.

Ein Blumenbeet, das Allergiker meiden müssen. Es überwiegen ungefüllte Arten (Korbblütler und Stockrosen) und Pflanzen, die Kontaktallergie auslösen (Weinraute): Nur Monarde und Phlox sind kaum allergen.

Hacken, jäten, graben

Im Garten sollte so wenig wie möglich gehackt und gegraben werden, denn auch dabei werden Allergene in die Luft geweht. Je weniger die Bodenkrume bewegt wird, desto besser für den Boden und den Allergiker. Unerwünschte Kräuter, die meist ein sehr hohes Allergiepotenzial haben, sollten Sie vor der Blüte herausziehen und nicht hacken.

Profi Tipp von mein schöner Garten

Erledigen Sie Ihre Gartenarbeit im Sommer am besten zwischen 12.00 und 16.00 Uhr oder, je nach Empfindlichkeit, in der Zeit von 6.00 bis 8.00 Uhr. Morgens enthält die Luft wenig Pollen, aber auf der Rasenfläche sind die des Vortages abgelagert. Übrigens: Trocknen Sie Ihre Wäsche nicht im Freien.

Hecken, Sträucher und Bäume schneiden

Bäume und Sträucher können ein hervorragendes Schutzschild sein gegen Pollen, die von außen angeweht werden. Leider können sie auch jederzeit wieder aufgewirbelt werden, denn Hecken und Sträucher müssen regelmäßig und Bäume gelegentlich geschnitten werden. Die Arbeiten werden am besten im Winter oder im zeitigen Frühjahr erledigt. Bei der Anlage des Gartens ist zu überlegen, ob eine Hecke oder besser ein berankter Zaun den Garten begrenzen soll.

Kompost – ein Dilemma für Allergiker

Die auf dem Komposthaufen verrottenden Garten- und Küchenabfälle ergeben einen ausgewogenen organischen Dünger. Sie sind aber auch Nährboden für Pilze, die an der Kompostierung beteiligt sind. Beim notwendigen Umsetzen des Kompostes und dem Sieben der reifen Erde werden unzählige Sporen freigesetzt, die zu heftigen Asthmaanfällen führen können.

Dieses Problem lässt sich durch einen geschlossenen Komposter aus Plastikmaterial beheben, bei dem der gereifte Kompost einem Schieber entnommen wird. Vorsichtshalber sollte das Verteilen der frischen Erde Nichtallergikern überlassen werden.

Gartenträume

So bunt kann ein Blumenbeet auch in einem allergiefreien Garten aussehen.

Gefüllte Sorten von Pelargonien sind unbedenklich für Pollenallergiker.

Traumbilder von einem Garten voller Blüten und von lauschigen Sitzplätzen stehen sicher am Anfang jeder Gartenplanung und müssen den realen Bedingungen und Ansprüchen angepasst werden.
Zunächst ist es wichtig, eine Checkliste von Gartenelementen und Pflanzen aufzustellen, welche die Allergie auslösen, beziehungsweise verstärken. Nehmen Sie Kontakt mit den Nachbarn auf, um zu klären, mit welchen Allergenen aus der Nachbarschaft zu rechnen ist.

Rasen, Hecke oder Holz und Steine

Rasenflächen – ein traditionelles Element in Gärten – müssen nicht sein. Attraktive Flächen mit durchlässigem Steinpflaster, gemischt mit Kieselwegen können ein gestalterisches Element sein. Steinplatten mit verschiedenen Farben und Oberflächen sorgen für Abwechslung. Offene Pflaster lassen sich mit Polster bildenden Steingartenpflanzen auflockern. Wenn keine Bedenken gegen duftende Kräuter und Bienen bestehen, kann Feldthymian (*Thymus serpyllum*) eingesetzt werden, der beim Betreten einen angenehmen Duft verbreitet. Dazwischen fügen sich bunte Blumenbeete dekorativ ein, die mit geeigneten Stauden sehr individuell bepflanzt werden können.

Die Umgrenzung des Gartens dient im allergiefreien Garten nicht nur als Sichtschutz, sondern auch als Pollenfänger für Blütenstaub aus Nachbars Garten. Hecken bieten einen guten Schutz, haben aber den Nachteil, dass sie geschnitten werden müssen. Sollten Bedenken gegen den lebenden Zaun bestehen, ist ein Holz- oder Flechtzaun, der mit Kletterpflanzen wie zum Beispiel gefüllten Rosen aufgelockert wird, eine empfehlenswerte Alternative. Hecken brauchen Platz, so dass bei kleinen Gärten die Entscheidung immer zugunsten eines Zaunes ausfallen wird. Lamellen- und Dichtzäune bieten einen sehr guten Schutz.

Der Sitzplatz, an dem man sich meist längere Zeit aufhält, wird am besten windgeschützt in der Nähe des Hauses angelegt, umgeben von garantiert allergiefreien Stauden, Kletterpflanzen oder Kübelpflanzen. Natürlicher Windschutz kann wichtig sein, wenn in Nachbars Garten und der Umgebung allergene Windblüher vorkommen.

Möchte man auf einen Kompost nicht verzichten, dann sollten Sie diesen jedoch möglichst weit entfernt vom Sitzplatz im hinteren Teil des Gartens anlegen.

Der Wunsch nach einem blühenden Garten kann auch für Allergiker Wirklichkeit werden. Ersetzen Sie den Rasen durch Beete sowie Platten- oder Kieselsteinwege und die Hecke durch berankte Zäune. Den Sitzplatz umgeben Blumen, die keine Bienen und Hummeln anlocken und auch nicht stark duften. Blumenkästen und Kübel lassen sich mit ausschließlich gefüllten Sorten gestalten und Gartenabfälle können Sie unbedenklich in einem geschlossenen Behälter weit entfernt vom Sitzplatz kompostieren.

Ein Kräuterbeet mit Salbei, Lavendel und Minze ist für Pollenallergiker kein Problem. Wer auf ätherische Öle reagiert, muss allerdings darauf verzichten.

„Blühende Steine“

Trockenmauern und Steingärten lockern durch ihre vertikale Ausrichtung kleine und große Gärten auf. Voraussetzung ist ein sonniger Platz und die geschickte Aufschichtung von Natursteinen ohne Verwendung von Mörtel. Viele Steingartenpflanzen sind für Allergiker unbedenklich, so dass die Auswahl nicht schwierig ist. Mit attraktiven Kübelpflanzen kann die Gestaltung aufgelockert werden. Auch duftende Kräuter wie Rosmarin und Salbei lieben die Sonne und fühlen sich im Steingarten wohl.

Mit Natursteinmauern lassen sich verschiedene Ebenen für Blumenbeete schaffen – eine künstliche Terrassierung des Gartens. Kleine, sukkulente Pflanzen, wie Dachwurz oder die in verschiedenen Farben blühenden *Sedum*-Arten (Fette Henne, Mauerpfeffer), beleben und festigen die Mauer und die geschaffene Terrasse kann nach Belieben allergiefrei und bunt bepflanzt werden. Allerdings sind bei fertig eingewachsenen Beeten diese Mauern meist keine Trockenmauern mehr, denn die Stauden beschatten die Mauer und halten die Feuchtigkeit.

Steinmauern lassen sich auch im allergiefreien Garten bunt bepflanzen.

Rosmarin und Thymian wachsen in meinem Garten …

Ein Garten ohne duftende Gewürzkräuter ist „fast“ kein Garten. Die meisten typischen Gartenkräuter gehören zwar zu der für Allergiker geeigneten Pflanzenfamilie der Lippenblütler, locken aber Bienen an und enthalten ätherische Öle.

Wenn ein Kräuterbeet angelegt wird, so müssen diese Fakten bedacht werden. Kräuter wie Thymian, Lavendel, Zitronenmelisse und Salbei sind nicht nur Würz- und Heilpflanzen, sondern auch gestalterische Elemente für Beetbegrenzungen und Blumenbeete. Bei Allergien gegen ätherische Öle ist es ratsam, auf diese Mischkulturen zu verzichten und Kräuterbeete entfernt vom Sitzplatz anzulegen.

Pflanzenauswahl

Auswahl von geeigneten Pflanzen

Für Allergiker ist es nicht einfach, aus dem großen Angebot an Pflanzen die richtigen für den eigenen Garten oder Balkon auszuwählen. Ein Tabu sind solche Kräuter und Gehölze, die ihre Pollen durch den Wind verbreiten und die Luft mit Allergenen anreichern. Grundsätzlich sind Arten geeigneter, die von Insekten bestäubt werden. Allerdings gibt es auch bei dieser Gruppe Arten, die aufgrund des Blütenbaus Pollen verstäuben und solche, die ökonomischer mit ihrem Blütenstaub umgehen.
Die Einsicht in die unterschiedlichen Strategien von Pflanzengruppen, gezielt Pollen zu übertragen, kann Allergikern helfen, für sich persönlich attraktive und unproblematische Pflanzen herauszufinden.

Löwenmäulchen haben geschlossene Blüten.

Bei Lungenkraut und verwandten Arten sind die Staublätter in der Kronröhre versenkt.

Geeignete Blüten – geschlossene Blüten

Geschlossene Blüten öffnen sich erst, wenn Insekten auf ihnen landen. Auf der Suche nach Nektar kriechen sie hinein und werden innerhalb der Blüte mit Pollen beladen. Auch asymmetrische, meist röhrenförmige Blüten verbergen den Pollen. Die Staubblätter sind bei Ihnen in einem helmförmig gebogenen Blütenblatt (Oberlippe) versteckt .
Geschlossene Blüten treten bei allen Arten von Löwenmäulchen (*Anthirrhinum*) auf, die zur Familie der Rachenblütler gehören, und bei den meisten Arten der Familie der Lippenblütler (*Lamiaceae*).

Geeignete Blüten – radförmige Blüten mit verborgenen Staubblättern

Viele Pflanzen, die kleine, attraktive radförmig ausgebreitete Blüten haben, verbergen die Staubblätter und den Fruchtknoten in einer Blütenröhre, so dass kein

Windhauch den Pollen verwehen kann. Beim Vergissmeinnicht ist der Eingang in die Blütenröhre zusätzlich mit andersfarbigen Schuppen geschützt.
Hierzu gehören einige Arten der Familie der Raublattgewächse (*Boraginaceae*) und der Nelkengewächse (*Caryophyllaceae*).
Auch Primeln (Primelgewächse, *Primulaceae*) verstecken ihre Staubblätter in einer Kronröhre. Eine Laune der Natur scheint es zu sein, dass es Primeln gibt, bei denen die Staubblätter tief in der Röhre angewachsen sind und solche, wo sie sich direkt am Eingang der Röhre befinden. Da Primelpollen ein geringes Allergiepotenzial haben, ist es gleichgültig, wo der Pollen auf die bestäubenden Insekten übertragen wird.

Profi Tipp von mein schöner Garten

Prüfen Sie vor dem Kauf die Blüten, wie und wo die Staubblätter angelegt sind, und berühren Sie mit einem Grashalm oder einem dünnen Stift die Blüte aus der „Sicht eines Insektes“. Sie werden schnell erkennen, wie der Pollen für die Bestäubung freigegeben wird. Je versteckter, desto besser für Sie.
Erkundigen Sie sich nach gefüllten Sorten. Informieren Sie sich, ob die Pflanze zweihäusig ist, damit Sie die weibliche Form auswählen können. Weibliche Pflanzen besitzen nur einen Fruchtknoten mit einer Narbe. Männliche Blüten tragen nur Staubfäden mit den Pollensäcken.

Geeignete Blüten – grosse und duftende Blüten

Je größer die Blüte, desto schwerer und damit „flugunfähiger“ ist meist der Pollen.
Dies ist eine sinnvolle Entwicklung, denn diese Blüten sind im Allgemeinen tellerförmig ausgebreitet und bilden zahlreiche Staubblätter. Aufgrund des Gewichtes kann der Wind den kostbaren Pollen nicht verstreuen.
Zu den für Allergiker zu empfehlenden Pflanzen gehören großblütige Arten der Familie der Rosengewächse (*Rosaceae*), Mohngewächse (*Papaveraceae*) und Hahnenfußgewächse (*Ranunculaceae*). Das Angebot an gefüllten Sorten ist in diesen Pflanzenfamilien besonders vielfältig.

Mohn und andere große Blüten haben meist schweren Pollen, der kaum vom Wind verweht werden kann.

Pfingstrosen, die der Wildform ähneln sind ungefüllt. Der Pollen ist schwer und duftet.

Bei gefüllten Pfingstrosensorten sind durch Züchtung die Staubblätter zu Blütenblättern geworden.

Geeignete Blüten – gefüllte Blüten

Blüten- und Staubblätter mit Pollensäcken sind blütenbiologisch umfunktionierte Stängelblätter. Es verwundert daher nicht, dass durch Züchtung die Staubblätter wieder zu Blättern oder Blütenblättern umgestaltet werden können. Auch in der Natur entwickeln sich gelegentlich spontan gefüllte Blüten. Für die Pflanze ist das eine „Katastrophe“, denn damit ist der männliche Teil der Blüte vernichtet. Für den Allergiker ist es dagegen eine Wohltat, auch wenn in diesen Blüten häufig noch ein Rest von Staubblättern mit meist verkümmerten Pollensäcken vorhanden ist.

Gelegentlich entwickeln auch gefüllte Sorten Früchte mit Samen. Die Nachkommen haben wieder ungefüllte Blüten. Sorten mit gefüllten Blüten gibt es von fast allen attraktiven einjährigen sowie mehrjährigen Gartenblumen und blühenden Sträuchern.

Profi Tipp von mein schöner Garten

Bei einer gefüllten Sonnenblume oder Aster sind nur die Blütenblätter, nicht aber die Staubblätter verändert. Die so genannten Röhrenblüten, die sich in der Mitte des großen, tellerförmigen Blütenstandes befinden, sind zu den auffälligeren Zungenblüten umgestaltet. Sie haben die gleiche Form und Farbe wie die Randblüten. Man kann beobachten, dass diese Blüten keinen oder sehr wenig Pollen produzieren. Pseudogefüllte Korbblütler, wie Ringelblume, Tausendschön oder Mutterkraut, sind in der Gartenkultur beliebt.

Geeignete Blüten – Blüten, die sich erst am Abend öffnen

In Blüten, die von Nachtfaltern bestäubt werden, reift der Pollen am späten Nachmittag bis frühen Abend. Viele Blüten öffnen sich erst nach Sonnenuntergang, so dass Allergiker den Abend im Garten meiden können. Geeignet sind einige Arten der Familie der Nachtkerzengewächse (*Onagraceae*) und der Geißblattgewächse (*Caprifoliaceae*). Diese Gruppe von Blüten duftet häufig sehr intensiv, so dass Allergien gegen Duftstoffe ausgelöst werden können.

Geeignete Blüten – weibliche Blüten

Problemlos eignen sich Pflanzen, insbesondere Bäume, die weibliche und männliche Blüten auf zwei verschiedenen Individuen entwickeln. Wird im Garten nur der weibliche Partner gesetzt, entfällt das Pollenproblem, denn weibliche Blüten entwickeln keinen Pollen. Attraktive weibliche Pflanzen sind zum Beispiel Salweide (*Salix caprea*), Sanddorn (*Hippophaë rhamnoides*), Eibe (*Taxus baccata*), verschiedene Arten von Wacholder (*Juniperus*) oder die Kletterpflanze Hopfen (*Humulus lupulus*). Bei ein- und zweijährigen Kräutern wie zum Beispiel der roten Lichtnelke ist es schwieriger, die männlichen Pflanzen zu entfernen, denn aus einem Samentütchen entwickeln sich stets beide Typen.

Ungeeignete Blüten – Windblütige

Grundsätzlich müssen alle windblütigen Arten gemieden werden. Sie entwickeln enorme Mengen von Pollen, der sich je nach Wetterlage und Schwebfähigkeit mehrere Tage in der Luft halten kann. Eine einzelne Blüte – und Windbestäuber besitzen viele – kann bis zu 2,5 Millionen Pollenkörner produzieren. Diese Art den Pollen zu übertragen ist sehr verbreitet. Gräser, Nadelbäume und viele einheimische Laubbäume werden durch Wind bestäubt. Windblütigkeit ist nicht immer leicht zu erkennen. Vorsicht ist deshalb bei allen Pflanzen geboten, die viele kleine und unscheinbare Blüten besitzen.

Neben vielen anderen, sind alle Sträucher und Bäume die „Kätzchen"-Blüten und Zapfen oder Nüsse entwickeln immer windblütig.

Die rote Lichtnelke ist zweihäusig. Die männlichen und weiblichen Blüten wachsen auf verschiedenen Pflanzen.

Gemeiner Beifuß (Artemisia vulgaris) *ist wegen seiner Blüten für Allergiker nicht zu empfehlen.*

Je unscheinbarer und je zahlreicher die Blüten, desto größer die Wahrscheinlichkeit, dass sie vom Wind bestäubt werden.

Insektenpflanzen

Viele Pflanzen – insbesondere die Korbblütler (*Asteraceae*) und Doldengewächse (*Apiaceae*) – bilden an einem Stängel unzählige kleine Blüten mit gut zugänglichem Pollen aus, der bei jedem Windhauch und jedem Besuch von Insekten verstreut wird. Egal, ob die Blüten in einem großen Körbchen wie bei der Sonnenblume zusammengefasst werden oder unzählige kleine Körbchen an Ruten stehen wie bei der Goldrute, alle sind für den allergiefreien Garten ungeeignet. Bäume mit vielen auffälligen Insekten-Blüten sind fast immer ungeeignet, denn ihre Blüten sind zu sehr dem Wind ausgesetzt. Dazu gehören Obst- und Zierobstbäume, auch Goldregen und Blauregen.

Ebenso ungeeignet sind Blüten, die bei der Berührung durch Insekten die Staubblätter katapultartig hochschnellen lassen und den Pollen wie mit einer Puderquaste verstäuben. Viele Schmetterlingsblütler (*Fabaceae*) mit relativ großen Blüten, wie zum Beispiel Ginster, sollten gemieden werden.

Auf den folgenden Seiten finden Sie geeignete Pflanzen im Porträt, nach ihren botanischen Namen sortiert.

Geeignete Gehölze

Echter Rotdorn

Crataegus laevigata 'Paul's Scarlet'

Blüte: rosarot, gefüllt, von Mai bis Juni. **Blatt:** frischgrün. **Wuchs:** 4 bis 6 m hoch; 3 bis 4 m breit; breit kegelförmig bis rundlich. **Licht:** sonnig. **Pflege:** hoher Nährstoffbedarf; mittlerer Wasserbedarf; voll frosthart. **Besonderheiten:** wunderschönes Blüten- und Ziergehölz; schnell und leicht zu pflegen; empfehlenswert für kleine Gärten, auch für eine Heckenpflanzung geeignet. **Allergiker-Tipp:** Rotdorn blüht nur dann, wenn er als Solitär gepflanzt wird; in einer immer wieder geschnittenen Hecke bildet er dichtes Astwerk, blüht aber nur wenig.

Rot-Buche

Fagus sylvatica f. *purpurea*

Blüte: gelbgrün, von April bis Mai. **Blatt:** mittelgrün. **Wuchs:** 25 bis 30 m hoch; im Freistand kann sie im Alter genauso breit wie hoch werden; rundkronig. **Licht:** sonnig bis schattig. **Pflege:** mittlerer bis hoher Nährstoff- und Wasserbedarf; hitzeempfindlich; voll frosthart. **Besonderheiten:** pflegeleicht; für Garten-Einsteiger; nicht für kleine Gärten; schöne Herbstfärbung. **Allergiker-Tipp:** Rot-Buchen werden vom Wind bestäubt – nur als Heckenstrauch zu empfehlen, da sie nicht blühen, wenn sie immer wieder geschnitten werden (ebenso Weißbuche/Hainbuche).

Ungeeignete Nadelgehölze

Lärchen-Arten *Larix* spec. **Blüte:** April bis Mai
Fichten-Arten *Picea* spec. **Blüte:** Mai
Tannen-Arten *Abies* spec. **Blüte:** Mai
Kiefern-Arten *Pinus* spec. **Blüte:** Mai
Eiben-Arten *Taxus baccata*, männliche Form (zweihäusig) **Blüte:** April bis Mai
Ginkgo *Ginkgo biloba*, männliche Form (zweihäusig) **Blüte:** Mai bis Juni
Wacholder-Arten *Juniperus* spec., männliche Form (zweihäusig) **Blüte:** April bis Mai
Lebensbaum-Arten *Thuja* spec. **Blüte:** April bis Mai
Zedern-Arten *Chamaecyparis* spec. **Blüte:** April bis Mai

Ball-Hortensie

Hydrangea macrophylla, gefüllte Sorten

Blüte: je nach Sorte blau, rot, rosa, weiß von August bis September. **Blatt:** glänzend dunkelgrün. **Wuchs:** 0,60 bis 1,50 m hoch; 1 bis 2 m breit; dicht buschig, breit kugelig oder trichterförmig. **Licht:** sonnig bis halbschattig. **Pflege:** mittlerer Nährstoffbedarf; mittlerer bis hoher Wasserbedarf; voll frosthart. **Besonderheiten:** schnell und leicht zu pflegen; für Garten-Einsteiger; auch für kleine Gärten sowie Kübel und Töpfe; als Einzel- und Heckenpflanzung; Spezialdünger sorgt für blaue Blütenfarbe. **Allergiker-Tipp:** Ballhortensien gibt es auch in gefüllter Form.

Kletter-Hortensie

Hydrangea petiolaris

Blüte: weiß, von Juni bis Juli. **Wuchs:** 2 bis 10 m hoch; 1,50 bis 5 m breit; kletternd, bildet Haftwurzeln. **Licht:** sonnig bis schattig. **Pflege:** mittlerer Nährstoff- und Wasserbedarf; voll frosthart. **Besonderheiten:** Rinde zimtbraun – attraktiver Winteraspekt; schnell und leicht zu pflegen; auch für kleine Gärten und Kübel geeignet; Kletterpflanze für Pergolen, Spaliere und Fassadenbegrünung; Blütengehölz, Insektenweide. **Allergiker-Tipp:** Eignen sich zum Beranken von Sichtschutz-Hecken, wenn auf eine Bepflanzung mit Sträuchern verzichtet werden muss.

Ungeeignete Laubgehölze

Feld-Ahorn *Acer campestre* **Blüte:** von Mai bis Juni in Grüngelb

Spitz-Ahorn *Acer platanoides* **Blüte:** April in gelblich Grün bis Zitronengelb.

Bergahorn *Acer pseudoplatanus* **Blüte:** Mai in gelblich Grün

Eschen-Ahorn *Acer negundo*, männliche Form (zweihäusig) **Blüte:** von März bis April in Blassgelb

Japanische Ahorne *Acer palmatum*, verschiedene Sorten **Blüte:** April bis Juni, in purpurroten Trauben

Geeignete Gehölze

Europäischer Wacholder

Juniperus communis, weibliche Form

Blüte: unscheinbar, von April bis Mai. **Blatt:** grün bis bläulich grün, mit blauweißen Streifen. **Wuchs:** 5 bis 8 m hoch, sehr unterschiedlich breit; aufrecht säulen-, baum- oder strauchförmig. **Licht:** sonnig bis halbschattig. **Pflege:** niedriger bis mittlerer Nährstoff- und Wasserbedarf; sehr frosthart. **Besonderheiten:** schnell und leicht zu pflegen; Kleinbaum für Einzelpflanzung; für kleine und große Gärten geeignet; verträgt Sommerdürre. **Allergiker-Tipp:** Im allergiefreien Garten ausschließlich die weiblichen Pflanzen anpflanzen; man erkennt sie an den vielen grünen und blauen, beerenförmigen Früchten.

Kerrie, Ranunkelstrauch

Kerria japonica, gefüllt

Blüte: leuchtend gelb bis goldgelb, von April bis Mai. **Blatt:** hellgrün. **Wuchs:** 1,50 bis 2 m hoch; genauso breit wie hoch; buschig aufrecht, wenig verzweigt. **Licht:** sonnig bis schattig. **Pflege:** mittlerer Nährstoffbedarf; mittlerer bis hoher Wasserbedarf; voll frosthart. **Besonderheiten:** schnell und leicht zu pflegen; für Garten-Einsteiger; für kleine Gärten und Kübel geeignet; als Einzel- und Heckenpflanzung; Sortenbeispiel: 'Peniflora' (Blüten goldgelb, dicht gefüllt). **Allergiker-Tipp:** Die gefüllten Sorten sind sehr attraktiv, haben eine lange Blütezeit und sind für Allergiker unproblematisch.

Weitere ungeeignete Laubgehölze

Rosskastanie *Aesculus hippocastanum* **Blüte:** von Mai bis Juni in Weiß bis gelblich Rosa

Strauch-Rosskastanie *Aesculus parviflora* **Blüte:** von Juli bis August in Weiß

Schwarz-Erle, Rot-Erle *Alnus glutinosa* **Blüte:** Februar bis April, Frühblüher!

Grau-Erle, Weiß-Erle *Alnus incana* **Blüte:** Februar bis April, Frühblüher!

Birken-Arten *Betula* spec. **Blüte:** von April bis Mai, Kätzchen-Blüten

Heidekraut *Calluna vulgaris*, ungefüllte Sorten, **Blüte:** von August bis Oktober in Rosa

Feuer-Geißblatt

Lonicera x heckrottii

Blüte: karminrot bis gelblich rosa, von April bis Mai und September bis Oktober. **Blatt:** blaugrün. **Wuchs:** 2 bis 4 m hoch; 1 bis 3 m breit; schlingend kletternd. **Licht:** halbschattig. **Pflege:** mittlerer bis hoher Nährstoffbedarf; mittlerer Wasserbedarf; voll frosthart. **Besonderheiten:** schnell und leicht zu pflegen; mittlere Wuchsstärke; vor allem abends süßlicher Duft. **Allergiker-Tipp:** Wer auf Düfte allergisch reagiert, sollte sich vergewissern, ob Geißblatt dazugehört. Viele Zuchtformen haben zugunsten von interessanten Blütenfarben an Duft verloren, vorsichtshalber auf das wilde Geißblatt (*L. periclymenum*) verzichten.

Blut-Johannisbeere

Ribes sanguineum

Blüte: rosarot, von April bis Mai. **Blatt:** mattgrün. **Wuchs:** 1,50 bis 2 m hoch; 1,50 bis 2 m breit; locker strauchförmig. **Licht:** sonnig. **Pflege:** mittlerer Nährstoffbedarf; mittlerer bis hoher Wasserbedarf; voll frosthart. **Besonderheiten:** schnell und leicht zu pflegen, für Garten-Einsteiger; für kleine Gärten; Bienenweide und Vogelnährgehölz; wunderschöne Blütenform. **Allergiker-Tipp:** Nektar und Pollen sind in den glöckchenförmigen Blüten versteckt. Wer gegen Bienengift allergisch ist, sollte den Strauch nicht am Gehweg oder in die Nähe der Terrasse pflanzen, denn der Nektar ist bei Bienen und Hummeln beliebt.

Hainbuche *Carpinus betulus* **Blüte:** von April bis Mai, Kätzchen-Blüten
Gewöhnliche Haselnuss *Corylus avellana* **Blüte:** von März bis Mai, Kätzchen-Blüten
Gewöhnliche Esche *Fraxinus excelsior* **Blüte:** von April bis Mai in rötlich Grün

Ungefüllte Sorten des Heidekrauts sind nicht empfehlenswert.

Geeignete Gehölze

Rosen

Rosa, gefüllte Sorten (hier: 'Bernsteinrose®')

Blüte: je nach Sorte in fast allen Farben, einmal oder öfter blühend, halb gefüllt und voll gefüllt, von Juni bis September. **Wuchs:** Beet- und Edelrosen bis 1,20 m, Strauchrosen 2 bis 3 m, Kletterrosen 2 bis 4 m, Kleinstrauchrosen 0,30 bis 1,50 m. **Licht:** sonnig, aber nicht zu heiß, luftig, nicht zugig. **Pflege:** mittlerer Wasserbedarf, hoher Düngebedarf; viele Sorten benötigen Winterschutz aus Reisig oder Jute bzw. durch Anhäufeln. **Allergiker-Tipp:** Auch Rosen können durch Pollen und Duft allergen wirken. Je gefüllter und je weniger Duft, desto besser für den allergiefreien Garten, auch wenn der Pollen kaum verweht wird.

Europäische Eibe

Taxus baccata, weibliche Form

Blatt: glänzend dunkel- bis schwarzgrün. **Wuchs:** 10 bis 15 m hoch; 8 bis 12 m breit. **Licht:** sonnig bis schattig. **Pflege:** hoher Nährstoffbedarf; mittlerer bis hoher Wasserbedarf; voll frosthart. **Besonderheiten:** schnell und leicht zu pflegen; für Garten-Einsteiger; schnittverträglich; als Einzel- und Heckenpflanzung, stadtklimafest; auffallende Früchte, giftig. **Allergiker-Tipp:** Die Eibe wird vom Wind bestäubt und ist zweihäusig. Im Garten nur die weibliche Form pflanzen, die keinen Blütenstaub produziert. Der Baum ist so giftig, dass bereits der Umgang mit den Zweigen Reaktionen der Haut hervorrufen kann.

Weitere ungeeignete Laubgehölze

Edel-Goldregen *Laburnum* x *watereri* 'Vossii' **Blüte:** von Mai bis Juni in leuchtend Gelb

Pappel-Arten; *Populus* spec., männliche Form (zweihäusig) **Blüte:** von März bis April; Kätzchen-Blüten

Weiden-Arten *Salix* spec., männliche Form (zweihäusig) **Blüte:** April bis Mai, Kätzchen-Blüten

Eichen-Arten *Quercus* spec. **Blüte:** von April bis Mai, unscheinbar gelblich grün

Winter-Schneeball

Viburnum x bodnantense 'Dawn'

Blüte: rosaweiß bis rosa, ab November beginnend; Hauptblüte: März bis April. **Blatt:** dunkelgrün. **Wuchs:** bis 2,50 m hoch und breit; straff aufrecht, dicht buschig. **Licht:** sonnig bis halbschattig. **Pflege:** hoher Nährstoffbedarf; wenig bis regelmäßig gießen. **Besonderheiten:** schnell und leicht zu pflegen; Blüten- und Ziergehölz, als Einzel- und Heckenpflanzung; auffallende Blüten; Liebhaberpflanze. **Allergiker-Tipp:** Die Duftstoffe können allergen wirken. Wer auf Winter-Schneeball verzichten muss, dem bietet Jasmin (*Jasminum nudiflorum*) mit gelben Blüten einen blühenden Ersatz.

Weigelie

Weigela florida

Blüte: hellrosa, im Abblühen dunkler, von Mai bis Juni. **Blatt:** mittelgrün, unterseits behaart. **Wuchs:** 2 bis 3 m hoch; 2 bis 3 m breit; rundlich strauchförmig bis leicht überhängend. **Licht:** sonnig bis schattig, schattenverträglich (entwickelt dann weniger Blüten). **Pflege:** mittlerer bis hoher Nährstoffbedarf; regelmäßig bis häufig gießen; voll frosthart. **Besonderheiten:** schnell und leicht zu pflegen; für Garten-Einsteiger; für kleine Gärten, Bienenweide. **Allergiker-Tipp:** Bei Insektenstichallergien auf den Strauch verzichten oder buntblättrige Sorten wählen, die im Schatten gedeihen und weniger Blüten entwickeln.

Robinie *Robinia pseudoacacia* **Blüte:** von Mai bis Juni in Weiß
Winter-Linde *Tilia cordata* **Blüte:** von Juni bis Juli in Blassgelb
Sommer-Linde *Tilia platyphyllos* **Blüte:** im Juni in Blassgelb, in Dreierbüscheln angeordnet
Ulmen-Arten *Ulmus* spec. **Blüte:** von März bis April in Rötlich
Chinesischer Blauregen, Glyzinie *Wisteria sinensis* **Blüte:** von Mai bis Juni in Blauviolett

Geeignete Stauden und Sommerblumen

Heimischer Eisenhut
Aconitum napellus

Blüte: blauviolett, von Juli bis August. **Blatt:** dunkelgrün. **Wuchs:** 1 bis 1,20 m hoch; 0,30 bis 0,40 m breit; straff aufrecht. **Licht:** sonnig bis halbschattig. **Pflege:** hoher Nährstoffbedarf; mittlerer Wasserbedarf; voll frosthart. **Besonderheiten:** pflegeleichte Staude; für Garten-Einsteiger geeignet; auch Einzelpflanzung möglich; für Gehölzrand, als Schnittblume; lockt Bienen und Schmetterlinge an, mit auffallenden Blüten; Sorten: 'Bergfürst' (violettblau), 'Gletschereis' (weiß). **Allergiker-Tipp:** Eisenhut ist giftig (alle Pflanzenteile enthalten das Alkaloid Aconitin, das auch über die Haut aufgenommen werden kann).

Orient-Stockrose
Alcea rosea, gefüllt

Blüte: Farbvariationen in Gelb, Rosa, Rot, Purpur und Weiß, von Juli bis September. **Blatt:** matt grün. **Wuchs:** 2 bis 2,50 m hoch; 0,60 bis 0,80 m breit; straff aufrecht. **Licht:** sonnig. **Pflege:** mittlerer bis hoher Nährstoffbedarf; niedriger bis mittlerer Wasserbedarf; ein- oder zweijährig (teils auch mehrjährig). **Besonderheiten:** pflegeleicht, als Schnittblume; für bunte Blumenbeete und Rabatten, lockt Bienen und Schmetterlinge an. **Allergiker-Tipp:** Vermeiden Sie das direkte Einatmen des Blütenstaubs und wählen Sie nur gefüllte Sorten. Die rauen Blätter verursachen bei empfindlichen Personen gelegentlich Hautreizungen.

Ungefüllte, ungeeignete Stockrose

Stockrose *Alcea rosea*, ungefüllte Sorten **Blüte:** von Juli bis September in Farbvariationen in Gelb, Rosa, Rot, Purpur und Weiß. Einfache, ungefüllte Stockrosen werden ausschließlich von Hummeln angeflogen. Der Pollen ist reichlich vorhanden, relativ schwer, aber frei zugänglich.

Achtung: Auch gefüllte Stockrosen oder Malven vermehren sich über Samen. Die Nachkommen sind dann allerdings wieder ungefüllt.

Großes Löwenmäulchen

Antirrhinum majus

Blüte: Farbvariationen in Gelb, Rosa, Rot oder Weiß, von Juli bis Oktober. **Blatt:** glänzend tiefgrün. **Wuchs:** 0,25 bis 1 m hoch; 0,15 bis 0,60 m breit; aufrecht buschig. **Licht:** sonnig. **Pflege:** mittlerer bis hoher Nährstoffbedarf; niedriger bis mittlerer Wasserbedarf. **Besonderheiten:** pflegeleichte, einjährige Sommerblume; für bunte Blumenbeete und Rabatten, als Leitpflanze in Balkonkasten-Pflanzungen, als Schnittblume; lockt Bienen und Schmetterlinge an. **Allergiker-Tipp:** Löwenmäulchen haben „geschlossene Blüten" – erst, wenn sich ein Insekt auf die „Lippe" setzt, öffnet sich der Rachen, in dem die Staubblätter versteckt sind.

Gemeine Akelei

Aquilegia vulgaris, gefüllt

Blüte: blauviolett, Sorten in vielen Farben; von Mai bis Juni. **Blatt:** blaugrün. **Wuchs:** 0,60 bis 0,70 m hoch; 0,50 m breit; aufrecht bis bogig. **Licht:** sonnig bis halbschattig. **Pflege:** mittlerer Nährstoff- und Wasserbedarf; regelmäßig gießen; voll frosthart. **Besonderheiten:** schnell und leicht zu pflegende Staude; als Schnittpflanze, starke Ausbreitung an zusagenen Plätzen durch Selbstaussaat; viele Sorten in den verschiedensten Farben, auch mehrfarbig. **Allergiker-Tipp:** Nur die gefüllten Sorten sind für Allergiker geeignet; sie kehren meist in ihre Wildform zurück, wenn sie sich im Garten durch Ausbreitung der Samen vermehren.

GÄNSEFUSSGEWÄCHSE SIND UNGEEIGNET

Garten-Fuchsschwanz *Amaranthus caudatus*, Amarantgewächse **Blüte:** Juli bis September

Spreizende Melde *Atriplex patula* **Blüte:** Juli bis Oktober

Weißer Gänsefuß *Chenopodium album* **Blüte:** Juli bis September

Guter Heinrich *Chenopodium bonus-henricus* **Blüte:** Juni bis September

Knöterich *Polygonum amplexicaule, P. affine*, Knöterichgewächse

Geeignete Stauden und Sommerblumen

Gewöhnliche Grasnelke

Armeria maritima

Blüte: rosa, von Mai bis Juni. **Blatt:** leuchtend grün. **Wuchs:** 0,20 bis 0,30 m hoch; 0,20 bis 0,25 m breit; kompakt buschig bis Polster bildend, horstbildend. **Licht:** sonnig. **Pflege:** mittlerer Nährstoffbedarf; niedriger bis mittlerer Wasserbedarf; voll frosthart. **Besonderheiten:** schnell und leicht zu pflegende Staude; für Garten-Einsteiger und Kinder; auch für kleine Gärten; für bunte Beet- und Staudenpflanzungen sowie Mauerfugen geeignet; lockt Schmetterlinge an; Sorten: 'Alba' (weiß), 'Düsseldorfer Stolz' (karminrot), 'Schöne von Fellbach' (lilarosa). **Allergiker-Tipp:** Sie hat ein sehr niedriges Allergie-Potenzial.

Kissen-Aster

Aster dumosus, gefüllt

Blüte: Sorten in vielen Farben, von September bis Oktober. **Blatt:** mittel- bis dunkelgrün. **Wuchs:** 0,20 bis 0,40 m hoch; 0,20 bis 0,30 m breit; kompakt buschig bis rundlich. **Licht:** sonnig. **Pflege:** hoher Nährstoffbedarf; niedriger bis mittlerer Wasserbedarf; voll frosthart. **Besonderheiten:** schnell und leicht zu pflegende Staude; für Garten-Einsteiger; auch für kleine Gärten empfehlenswert; für bunte Beet- und Staudenpflanzungen, für Kanten von Steinmauern oder Beeten; lockt Schmetterlinge an. **Allergiker-Tipp:** Die ungefüllten Sorten haben ein hohes Allergiepotenzial – nur die gefüllten Sorten sollten gepflanzt werden.

Extra-Tipp Astern

Astern gehören zur Familie der Korbblütler und lösen – wie auch viele ihrer Verwandten (zum Beispiel die Sonnenblume) – sehr häufig Kontaktallergien aus. Ihre Pollen können ebenfalls allergen sein. Meiden Sie deshalb immer ungefüllt blühende Sorten.

Pfirsichblättrige Glockenblume

Campanula persicifolia

Blüte: violettblau, weiß, von Juni bis Juli. **Blatt:** glänzend mittelgrün. **Wuchs:** 0,60 bis 0,80 m hoch; 0,30 bis 0,40 m breit; aufrecht, horstbildend. **Licht:** sonnig. **Pflege:** mittlerer Nährstoffbedarf; niedriger bis mittlerer Wasserbedarf; voll frosthart. **Besonderheiten:** pflegeleicht; für kleine Gärten, in bunten Beet- und Staudenpflanzungen, als Schnittblume; lockt Bienen und Schmetterlinge an; Zwergform: *C. persicifolia* fo. *nitida* (in Blau und Weiß); weitere Arten: Marienglockenblume – *C. medium*; Knäuelglockenblume – *C. glomerata*; Nesselblättrige Glockenblume – *C. trachelium*; Ackerglockenblume – *C. rapunculoides*.

Garten-Dahlien

Dahlia-Hybriden, gefüllt

Blüte: Farbvariationen in Gelb, Orange, Rosa, Rot, Violett, Weiß, von Juli bis September; viele verschiedene Blütenformen. **Blatt:** mittelgrün. **Wuchs:** 0,60 bis 1,30 m hoch; 0,50 bis 0,60 m breit; aufrecht buschig, horstbildend. **Licht:** sonnig. **Pflege:** hoher Nährstoffbedarf; mittlerer bis hoher Wasserbedarf; frostempfindlich, Rhizome in einem Sand-Torf-Gemisch frostfrei und trocken überwintern. **Besonderheiten:** pflegeleicht, für Einsteiger und Kinder geeignet; Kübel- und Topfkultur möglich; als Schnittblume. **Allergiker-Tipp:** Nur Strahlen-Dahlien pflanzen. Es treten Kreuzallergien zu *Ambrosia* (Traubenkraut) auf.

Ebenso wie bei den Kissen-Astern, sollten Sie auch bei Raublatt-Astern (*Aster novae-angliae*), Glattblatt-Astern (*Aster novi-belgii*), Berg-Astern (*Aster amellus*, im Bild 'Veilchenkönigin') und weiteren Astern-Arten darauf achten, keine ungefüllten Sorten in den Garten zu pflanzen.

Extra-Tipp Dahlien

Dahlien-Sorten, die nur randlich Strahlenblüten haben und in der Mitte einen anders gefärbten Teller aus Röhrenblüten sind dagegen nicht für den allergiereduzierten Garten geeignet. Tragen Sie beim Arbeiten mit Dahlien sicherheitshalber Handschuhe.

Geeignete Stauden und Sommerblumen

Hoher Garten-Rittersporn

Delphinium x *cultorum*, Pacific-Gruppe

Blüte: Farbvariationen in Rosa, Lila, Blau und Weiß, von Juni bis September. **Blatt:** frischgrün. **Wuchs:** bis 1,80 m hoch; 0,60 bis 0,90 m breit; straff aufrecht, horstbildend. **Licht:** sonnig. **Pflege:** hoher Nährstoffbedarf; mittlerer Wasserbedarf; frosthart. **Besonderheiten:** schnell und leicht zu pflegende Staude; für Garten-Einsteiger; für bunte Beet- und Staudenpflanzungen, als Schnittblume. Sortenbeispiele: 'King Arthur' (dunkelviolett, halb gefüllt), 'Percival' (weiß, halb gefüllt). **Allergiker-Tipp:** Rittersporn hat ein niedriges Allergie-Potenzial (etwa Stufe 3 in einer Wertung bis 10). Sicherheitshalber die halb gefüllten Sorten auswählen anstelle der einfachen.

Bart-Nelke

Dianthus barbatus

Blüte: purpurviolett, rosa, rot oder weiß, von Juni bis August. **Blatt:** mittelgrün. **Wuchs:** 0,40 bis 0,60 m hoch; 0,20 bis 0,30 m breit; aufrecht buschig. **Licht:** sonnig. **Pflege:** mittlerer bis hoher Nährstoffbedarf; mittlerer Wasserbedarf; voll frosthart. **Besonderheiten:** pflegeleichte, zweijährige Sommerblume, für Kinder geeignet; empfehlenswert für kleine Gärten sowie bunte Blumenbeete und Rabatten, intensiv duftend; lockt Bienen und Schmetterlinge an. **Allergiker-Tipp:** Nelken sind schwache Pollen-, aber starke Duftproduzenten; sie sind deshalb für Pollenallergiker geeignet. Die Düfte können jedoch bei empfindlichen Personen allergische Reaktionen auslösen.

Gras, Gräser am Grässlichsten

Gräser sind als Getreidelieferant eine der wichtigsten Pflanzenfamilien. Zu ihnen gehören 10 000 Arten und sie sind flächendeckend über die ganze Welt verteilt. Gräser sind windblütig und verantwortlich für die meisten Allergien, wobei der Roggen der Spitzenreiter ist. Riedgräser sehen den Gräsern sehr ähnlich und sind ebenfalls windblütig.

Tränendes Herz

Dicentra spectabilis

Blüte: Rot mit Weiß und Reinweiß, von Mai bis Juni. **Blatt:** graugrün. **Wuchs:** 0,70 bis 1 m hoch; 0,60 bis 0,80 m breit; buschig überhängend. **Licht:** sonnig bis halbschattig. **Pflege:** mittlerer bis hoher Nährstoff- und Wasserbedarf. **Besonderheiten:** schnell und leicht zu pflegende Staude; für Garten-Einsteiger; empfehlenswert für kleine Gärten, für bunte Beet- und Staudenpflanzungen, für Gehölzrand; als Schnittblume, schön in Einzelstellung; Sortenbeispiel: 'Alba' (weiß). **Allergiker-Tipp:** *Dicentra*-Arten bilden wenig Pollen. Blätter und Knollen können bei einigen Personen Hautreizungen hervorrufen. Am besten Handschuhe tragen.

Roter Fingerhut

Digitalis purpurea

Blüte: purpurrot, von Juni bis August. **Blatt:** dunkelgrün. **Wuchs:** 0,80 bis 1,50 m hoch; 0,60 bis 0,70 m breit; straff aufrecht, horstbildend; frosthart. **Licht:** sonnig bis halbschattig. **Pflege:** mittlerer Nährstoff- und Wasserbedarf. **Besonderheiten:** pflegeleichte Staude; für bunte Beet- und Staudenpflanzungen; lässt sich gut verwildern; lockt Bienen und Schmetterlinge an, auffallende Blüten; Sortenbeispiele: 'Alba' (weiß), 'Excelsior' (rot), 'Gloximiaeflora' (rot, rosa, weiß). **Allergiker-Tipp:** Fingerhut hat ein geringes Allergie-Potenzial. Pollen kann verstreut werden, wenn man die Blüten abschneidet – besser im Garten stehen lassen. Fingerhut ist sehr giftig.

Diese Stauden sollten Sie meiden

Japanischer Goldkolben *Ligularia dentata*, Familie Korbblütler **Blüte:** von August bis September in Goldgelb

Przewalski-Kerzengoldkolben *Ligularia przewalskii*, Familie Korbblütler **Blüte:** von Juli bis August in Gelb

Sibirischer Säulen-Goldkolben *Ligularia tangutica* **Blüte:** von Juli bis August in Gelb

Geeignete Stauden und Sommerblumen

Goldnessel, Taubnessel
Lamium galeobdolon

Blüte: gelb, von Mai bis Juni. **Blatt:** mittelgrün, silbrig gefleckt. **Wuchs:** 0,20 bis 0,30 m hoch; 0,50 m und mehr breit; breit flach wachsend, schnell wachsend. **Licht:** halbschattig bis schattig; je schattiger desto weniger Blüten werden gebildet. **Pflege:** mittlerer Nährstoff- und Wasserbedarf; frosthart. **Besonderheiten:** schnell und leicht zu pflegende Blattschmuckstaude, für Garten-Einsteiger; für Kübel- und Topfkultur, für Einfassungen, Gehölzränder und auch Grabbepflanzung geeignet, flächendeckende Bodenbegrünung; lockt Bienen und Schmetterlinge an; kann etwa 25 cm hoch klettern.

Indianernessel
Monarda-Hybriden

Blüte: weiß, rosa, rot, von Juli bis September. **Blatt:** matt- bis mittelgrün. **Wuchs:** 0,70 bis 0,90 m hoch; 0,40 bis 0,50 m breit; aufrecht. **Licht:** sonnig. **Pflege:** mittlerer bis hoher Nährstoffbedarf; mittlerer Wasserbedarf; Spross im späten Herbst oder zeitigen Frühjahr zurücknehmen; voll frosthart. **Besonderheiten:** pflegeleichte Staude; auch für kleine Gärten zu empfehlen; für bunte Beet- und Staudenpflanzungen und als Schnittblume; lockt Bienen und Schmetterlinge an. **Allergiker-Tipp:** Die Blätter enthalten ätherische Öle. Wer darauf reagiert, kann sich nur von weitem an den Blüten und attraktiven Blättern erfreuen.

EXTRA-TIPP

Lilien und Iris gehören zu den ältesten und schönsten Gartenpflanzen. Der Blütenstaub und der sehr intensive Duft einiger Arten, beispielsweise *Lilium speciosum*, Pracht-Lilie, kann allerdings allergen sein. Sie sind für den Allergiker-Garten allerdings nur geeignet, wenn der Kontakt mit Pollen und den vielen Bienen, welche die Blüten anfliegen, vermieden werden kann, jedoch nicht geeignet, wenn man auf Düfte allergisch reagiert.

Traubenhyazinthe

Muscari botryoides

Blüte: blau, Traube ziemlich kurz, von (März) April bis Mai. **Blatt:** mittelgrün. **Wuchs:** 0,15 bis 0,30 m hoch; 0,05 bis 0,1 m breit; aufrecht, horstbildend. **Licht:** sonnig. **Pflege:** mittlerer Nährstoffbedarf; niedriger bis hoher Wasserbedarf; Blätter ziehen im Sommer ein, frosthart. **Besonderheiten:** pflegeleichte Zwiebelpflanze; auch für kleine Gärten, vielseitig in Beeten und Rabatten verwendbar; Sorten in Weiß ('Album') und Rosa/Rottönen. **Allergiker-Tipp:** Die Zwiebeln können Hautreizungen („Tulpenkrätze") hervorrufen. Vorsichtshalber sollten empfindliche HobbygärtnerInnen beim Setzen der Zwiebeln Handschuhe tragen.

Narzissen

Narcissus-Hybriden

Blüte: sortenabhängig von Weiß über Gelb bis Rot, von März bis Mai; viele Blütenformen und -größen. **Blatt:** mittel- bis dunkelgrün. **Wuchs:** bis 0,50 m hoch; aufrecht. **Licht:** sonnig. **Pflege:** mittlerer Nährstoffbedarf; niedriger bis mittlerer Wasserbedarf; voll frosthart. **Besonderheiten:** pflegeleicht; für Garten-Einsteiger; für kleine Gärten, Kübel- und Topfkultur. **Allergiker-Tipp:** Für Narzissenzwiebeln gelten die gleichen Vorsichtsregeln wie für Traubenhyazinthen.

Allergiker-Beet

Sonnenbeet für Allergiker (von hinten nach vorne): Weigelie, Frauenmantel, Buntnessel, Salbei, Ehrenpreis, Pantoffelblume, Fackellilie, Sterndolde, Fleißiges Lieschen, Königskerze, Storchschnabel, Katzenminze, Johanniskraut und Perückenstrauch.

Geeignete Stauden und Sommerblumen

Edel-Päonie

Paeonia lactiflora, gefüllte Sorten

Blüte: rosa, weiß, gelb, rosa, rot, von Mai bis Juni. **Blatt:** dunkelgrün. **Wuchs:** 0,50 bis 1 m hoch; 0,50 bis 0,70 m breit; aufrecht buschig, horstbildend. **Licht:** sonnig. **Pflege:** hoher Nährstoffbedarf; niedriger bis mittlerer Wasserbedarf; voll frosthart. **Besonderheiten:** schnell und leicht zu pflegende Staude; für bunte Beet- und Staudenpflanzungen; auch als Schnittblume; lockt Bienen und Schmetterlinge an; intensiv duftend; gefüllte Sorten: 'Felix Crousse' (rot), 'La Perle' (rosa), 'Mme de Verneville' (weiß). **Allergiker-Tipp:** Nur gefüllte Sorten anpflanzen!

Bartfaden

Penstemon-Hybriden

Blüte: scharlachrot, weiß von Juni bis September. **Blatt:** mittelgrün. **Wuchs:** 0,80 bis 1 m hoch; 0,30 bis 0,50 m breit; straff aufrecht, horstbildend. **Licht:** sonnig. **Pflege:** hoher Nährstoffbedarf; mittlerer Wasserbedarf; mäßig frosthart – Winterschutz durch Reisig erforderlich. **Besonderheiten:** schnell und leicht zu pflegende Staude; für Garten-Einsteiger; für bunte Beet- und Staudenpflanzungen und Steingarten mit Urgestein; auch als Schnittblume; lockt Bienen und Schmetterlinge an; auffallende Blüten in vielen verschiedenen Farben, auch mehrfarbig.

Extra-Tipp

Die Wildform der Pfingstrose, beispielsweise die Europäische Wild-Pfingstrose (*Paeonia officinalis*) hat dunkelrote Blütenblätter und zahlreiche gelbe Staubblätter.
Wie bei allen großblütigen Arten ist der Pollen schwer und wird nicht weit getragen, so dass nur in unmittelbarer Nähe Pollen eingeatmet werden kann. Die gesamte Pflanze ist giftig.
In einem allergiefreien Garten sollten aber vorsichtshalber nur die gefüllten Sorten verwendet werden, wie zum Beispiel die *Paeonia officinalis*-Sorten 'Alba Plena' – weiß blühend, 'Rosea Plena' – rosa blühend und 'Rubra Plena' – rot blühend.

Brandkraut

Phlomis samia

Blüte: purpurviolett bis fliederfarben, von Juni bis Juli. **Blatt:** mittelgrün. **Wuchs:** 0,60 bis 0,90 m hoch; 0,50 bis 0,70 m breit; aufrecht. **Licht:** sonnig. **Pflege:** mittlerer Nährstoffbedarf; niedriger bis mittlerer Wasserbedarf; voll frosthart; den Spross im späten Herbst oder zeitigen Frühjahr zurückschneiden. **Besonderheiten:** schnell und leicht zu pflegende Staude; Liebhaberpflanze; für bunte Beet- und Staudenpflanzungen; lockt Bienen und Schmetterlinge an; weitere Arten: *Phlomis russeliana* (staudiger Wuchs), *Phlomis chrysophylla* (strauchiger Wuchs).

Lampionblume

Physalis alkekengi

Blüte: cremegelb bis cremeweiß, von Juli bis August. **Blatt:** mittelgrün. **Wuchs:** 0,60 bis 0,80 m hoch; 0,60 bis 0,90 m breit; aufrecht buschig. **Licht:** sonnig bis halbschattig. **Pflege:** mittlerer Nährstoff- und Wasserbedarf; voll frosthart. **Besonderheiten:** pflegeleichte Staude, für Garten-Einsteiger; für bunte Beet- und Staudenpflanzungen sowie Gehölzränder; als Schnittblume; breitet sich sehr aus, am besten in einen in den Boden eingesenkten Behälter pflanzen! **Allergiker-Tipp:** Die Pflanze ist nicht giftig oder allergen – im Gegensatz zu anderen Nachtschattengewächsen.

FEINSTRAHLASTERN

Feinstrahlaster, Berufkraut *Erigeron speciosus*, Familie Korbblütler **Blüte:** von Juni bis August, blau, rosa, violett, weiß. **Weitere Arten:** *E. glaucus* – Blaugrünes Berufkraut, *E. karvinskianus* – Zwerg-Feinstrahl. **Allergiker-Tipp:** Auch bei Feinstrahlastern gibt es ungefüllte (Bild) und gefüllte Formen; meiden Sie die ungefüllten.

Geeignete Stauden und Sommerblumen

Kissen-Primel

Primula-Vulgaris-Hybriden

Blüte: Farbvariationen in Gelb, Rosa, Rot, Violett und Weiß, von März bis April. **Blatt:** mittelgrün. **Wuchs:** 0,08 bis 0,20 m hoch; horstartig, buschig. **Licht:** halbschattig. **Pflege:** mittlerer Nährstoff- und Wasserbedarf; voll frosthart. **Besonderheiten:** schnell und leicht zu pflegende Staude; für Garten-Einsteiger; empfehlenswert für kleine Gärten; für Kübel- und Topfkultur, für bunte Beet- und Staudenpflanzungen, für Einfassungen, Gehölzrand und Steingärten, auch als Grabbepflanzung. **Allergiker-Tipp:** Die Blätter sind häufig Ursache für heftige allergische Reaktionen der Haut.

Echtes Lungenkraut

Pulmonaria officinalis

Blüte: zuerst rosa, später blauviolett, filigran, von März bis Mai. **Blatt:** mittel- bis dunkelgrün, borstig behaart. **Wuchs:** 0,10 bis 0,30 m hoch; 0,20 bis 0,30 m breit; kissenartig. **Licht:** halbschattig. **Pflege:** hoher Nährstoffbedarf; mittlerer bis hoher Wasserbedarf; voll frosthart. **Besonderheiten:** schnell und leicht zu pflegende, mehrjährige Heilpflanze; für Garten-Einsteiger; empfehlenswert für kleine Gärten; wächst auch gut in Wassernähe. **Allergiker-Tipp:** Lungenkraut ist eine der ersten Frühlingsblüten und lockt Bienen und Hummeln an. Vorsicht ist geboten, wenn man auf Insektenstiche reagiert.

Stauden, die Sie meiden sollten

Sonnenhut *Rudbeckia fulgida*, Familie Korbblütler **Blüte:** von Juli/August bis Oktober in Goldgelb

Sonnenhut *Rudbeckia hirta*, Familie Korbblütler **Blüte:** von August bis Oktober in Hellgelb bis Goldgelb, Rotbraun

Sonnenhut, Langer Heinrich *Rudbeckia laciniata*, Familie Korbblütler **Blüte:** von Juli bis September in Hellgelb

Kanadische Goldrute *Solidago canadensis*, Familie Korbblütler **Blüte:** von Juli bis September in leuchtend Gelb

Woll-Ziest

Stachys byzantina

Blüte: rosa bis rosapurpur, von Juli bis August. **Blatt:** silbergrau. **Wuchs:** 0,30 bis 0,40 m hoch; 0,40 bis 0,60 m breit; niederliegend bis kriechend. **Licht:** sonnig. **Pflege:** mittlerer Nährstoffbedarf; niedriger Wasserbedarf; voll frosthart. **Besonderheiten:** schnell und leicht zu pflegende Blattschmuckstaude; für Garten-Einsteiger; empfehlenswert für kleine Gärten; für bunte Beet- und Staudenpflanzungen, für Einfassungen und Steingärten; guter Bodendecker. **Allergiker-Tipp:** Ziest ist zwar ein Lippenblütler, der kaum Pollen verstreut, enthält aber in den Blättern ätherische Öle.

Duft-Veilchen

Viola odorata

Blüte: purpurviolett bis dunkelviolett, weiß; von März bis April. **Blatt:** hellgrün. **Wuchs:** 0,10 bis 0,20 m hoch; 0,20 bis 0,30 m breit; flach und kompakt wachsend. **Licht:** sonnig bis halbschattig. **Pflege:** mittlerer bis hoher Nährstoffbedarf; niedriger bis mittlerer Wasserbedarf; voll frosthart. **Besonderheiten:** pflegeleicht; für Kübel- und Topfkultur, Beet- und Staudenpflanzungen, Einfassungen und Steingärten; wunderbarer Duft; weitere Arten: *Viola cornuta* – Gehörntes Veilchen, *Viola* x *wittrockiana* – Garten-Stiefmütterchen. **Allergiker-Tipp:** Nur wer sensibel auf Düfte reagiert, sollte auf Duft-Veilchen im Garten verzichten.

Echte Goldrute *Solidago virgaurea*, Familie Korbblütler **Blüte:** von Juli bis September in leuchtend Gelb

Goldrute *Solidago-Cultivars*, Familie Korbblütler **Blüte:** von Juli bis September in leuchtend Gelb bis leicht Orangegelb

Skabiose, Krätzkraut *Scabiosa caucasica* **Blüte:** von Juli bis September in Violettblau bis Lavendelblau

Geeignete Kräuter

Echter Lavendel

Lavandula angustifolia

Blüte: violett, von Juli bis August. **Blatt:** graugrün. **Wuchs:** 0,40 bis 0,60 m hoch; 0,3 bis 0,6 m breit; aufrecht buschig. **Licht:** vollsonnig. **Pflege:** mittlerer Nährstoffbedarf; wenig gießen, vor Staunässe schützen. **Besonderheiten:** schnell und leicht zu pflegendes Duft-, Heil- und Teekraut; für Kinder geeignet; für bunte Beet- und Staudenpflanzung, Steingärten und für die Trockenbereiche in der Kräuterspirale; intensiv duftend, lockt Bienen und Schmetterlinge an (zu Duftsäckchen verarbeiten, zwischen die Wäsche legen – hält Motten ab). **Allergiker-Tipp:** Lavendelpollen sind kaum allergen. Leider müssen alle, die auf ätherische Öle reagieren, auf ihn verzichten.

Rosmarin

Rosmarinus officinalis

Blüte: hellviolett, von Mai bis Juni. **Blatt:** dunkelgrün. **Wuchs:** 1 bis 1,50 m hoch; 0,70 bis 1,20 m breit; aufrecht buschig. **Licht:** sonnig geschützt. **Pflege:** niedriger Nährstoffbedarf; sehr wenig bis regelmäßig gießen; frostempfindlich, nicht winterhart, am besten in Topf oder Kübel pflegen und im Winter frostfrei überwintern. **Besonderheiten:** schnell und leicht zu pflegende Heilpflanze und Küchengewürz; für Garten-Einsteiger; auch für kleine Plätze geeignet; intensiv duftend, lockt Bienen und Schmetterlinge an. **Allergiker-Tipp:** Wie alle Kräuter mit ätherischen Ölen muss von Fall zu Fall entschieden werden, ob Rosmarin im Garten zu tolerieren ist.

Weitere geeignete Kräuter

Thymian *Thymus vulgaris*, Familie Lippenblütler **Blüte:** hellrosa bis purpurosa, von Juli bis September. **Wuchs:** 0,20 bis 0,30 m hoch; 0,20 bis 0,40 m breit; kompakt buschig. **Licht:** sonnig. **Pflege:** geringer Nährstoffbedarf; wenig gießen, leichter Rückschnitt im Frühjahr.

Salbei *Salvia officinalis*, Familie Lippenblütler **Blüte:** blauviolett, von Juni bis August. **Wuchs:** 0,50 bis 0,70 m hoch; 0,40 bis 0,60 m breit; aufrecht buschig. **Licht:** sonnig. **Pflege:** mittlerer Nährstoffbedarf; wenig bis regelmäßig gießen, im Herbst oder Frühjahr zurückschneiden.

Adressen

Eine optimale Informationsquelle in allen Pflanzen-Angelegenheiten bietet Ihnen das Gartenforum der Zeitschrift MEIN SCHÖNER GARTEN.
http:/www.mein-schoener-garten.de

Die nachfolgenden Adressen sind jeweils nach Postleitzahlen geordnet.

Samen

GartenShop
Wansdorfer Platz 20
13587 Berlin
www.gartenshop.ws

Thysanotus Samenversand
Uwe Siebers
Schulweg 21
28876 Oyten
www.thysanotus-samenversand.de

Thompson & Morgan
Postfach 10 69
36243 Niederaula
www.thompson-morgan.de

Bio-Saatgut Ulla Grall
Eulengasse 3
55288 Armsheim
www.bio-saatgut.de

N.L. Chrestensen
Postfach 1000
99079 Erfurt
www.gartenversandhaus.de

Baumschulen

Baumschule Schob
Lößnitzer Str. 82
08141 Reinsdorf
www.schob.de

Baumschule Lorberg
Zachower Straße 4
14641 Tremmen
www.lorberg.com

Lorenz von Ehren
Maldfeldstr. 4
21077 Hamburg
www.lve.de

Baumschule Hachmann
Brunnenstr.68
25355 Barmstedt
www.hachmann.de

Bruns-Pflanzen-Export GmbH
26160 Bad Zwischenahn
www.bruns.de

Baumschule Bruno Wenk
Dickenrück
36199 Rotenburg a.d. Fulda

Artländer Pflanzenhof
Fliegerhorst 2
49635 Badbergen

Ahornblatt GmbH
Postfach 1125
55001 Mainz
www.ahornblatt-garten.de

Baumschule Baumgartner
Hauptstr.2
84378 Nöham bei Pfarrkirchen
www.baumgartner-baumschulen.de

Stauden

Staudengärtnerei Mann
(auch Kräuter)
Schönbacherstr. 25
02708 Lawalde
www.staudenmann.de

Staudengärtnerei Ernst Pagels
Deichstraße 4
26789 Leer

Staudengärtner Klose
Rosenstraße 10
34253 Lohfelden/Kassel

Staudengärtnerei Arends Maubach
Monschaustraße 76
42369 Wuppertal-Ronsdorf

Staudengärtnerei Gräfin von Zeppelin
79295 Sulzburg-Laufen
www.graefin-v-zeppelin.com

Staudengärtnerei Gaissmayer
Jungviehweide 3
89257 Illertissen
www.staudengaissmayer.de

Allergien – Institutionen und Verbände

Allergie-Dokumentations- u. Informationszentrum (ADIZ)
Burgstr. 12
33175 Bad Lippspringe
Tel. 0 52 52/95 45 00

Deutscher Allergie- und Asthmabund e.V. – Bundeszentrale
Hindenburgstrasse 110
41061 Mönchengladbach
Tel. 0 21 61/8 14 94-0
Fax 0 21 61/8 14 94-30
Info@daab.de

Bund für Umwelt und Naturschutz Deutschland e.V. (BUND)
Bundesgeschäftsstelle: Postfach 30 02 20
Im Rheingarten 7
53225 Bonn
Tel. 02 28/40 09 70

Stiftung Ökologie und Landbau
Weinstr. Süd 51
67098 Bad Dürkheim
Tel. 0 63 22/7 86 66

Pollenflugvorhersage

Tel. 01 90/11 54 80

Register

Halbfette Seitenzahlen verweisen auf Abbildungen.

Mit 74 Farbfotos von:
Gartenschatz, Stuttgart 7, 25 ore, 26 li, 27 li, 28 re, 29 re, 31 re, 32 li, 32 ure, 34 li, 34 u, 35 re, 37 li, 38 re, 39 li, 39 re, 40 li, 40 re, 41 re, 41 u, 42 re, 43 re, 44 li, 44 re;
Christian Gehler, Fürstenwalde: 2/3, 12;
Dr. Brigitte Klemme, Berg/Ahrweiler: 8 ore, 15 ore;
Dr. Bruno Kremer, Wachtberg-Pech: 11 ure;
Mein schöner Garten/Bodo Butz, Offenburg: 16 ore;
Bildarchiv Pforr, Langenpreising: 1, 8 uli, 10, 15 ure, 20 u, 22 uli, 25 uli, 27 re, 29 u, 31 li, 34 re, 35 li, 36 li;
Dr. Eckart Pott, Stuttgart: 28 li;
Wolfgang Redeleit, Bienenbüttel: 16 u, 23, 36 re, 43 li;
Reinhard-Tierfoto, Heiligkreuzsteinach-Eiterbach: 6 li, 11 o, 13, 17, 20 o, 24 li, 26 re, 29 li, 36 u;
Manfred Ruckszio, Taunusstein: 6 re, 18 u, 21, 22 ore, 24 re, 30 re, 32 re, 33 li, 33 re, 37 re, 38 li, 41 li;
Rosenwelt Tantau, Uetersen: 30 li;
Alice Thinschmidt/Daniel Böswirth, A-Wien: 5, 14, 18 o;
Wolfgang Willner, Moosburg: 42 li.

Mit 16 Illustrationen von:
Ingrid Drobny, Bergisch-Gladbach: 39;
Marianne Golte-Bechtle, Stuttgart:9 uli;
Marianne Golte-Bechtle, Stuttgart (farbige Blüten)/ Wolfgang Lang, Grafenau (s/w): 9 ore;
Reinhild Hofmann, München: 19;
Kosmos/Eva Schmidt, Stuttgart: 15.

Es gibt im wörtlichen Sinne keinen komplett allergiefreien Garten, da allergieauslösende Substanzen in der Luft nicht am Gartenzaun Halt machen. Man kann aber durch eine gezielte Pflanzenauswahl und bestimmte Verhaltensweisen eine starke Reduzierung der Allergene im eigenen Garten erreichen. Jeder Allergiker sollte ganz genau wissen, worauf er allergisch reagiert und danach seinen Garten planen.

Umschlaggestaltung von Atelier Reichert, Stuttgart, unter Verwendung eines Fotos von Jürgen Becker, Hilden

Bibliografische Informationen der Deutschen Bibliothek
Die Deutsche Bibliothek verzeichnet diese Publikation in der Deutschen Nationalbibliografie; detaillierte bibliografische Daten sind im Internet über http://dnb.ddb.de abrufbar.

Gedruckt auf chlorfrei gebleichtem Papier

1. Auflage

ISBN 3-440-09799-4
Redaktion und Bildredaktion: Carolin Krank
Produktion: DOPPELPUNKT Auch & Grätzbach GbR, Leonberg
Grundlayout: Dietmar Grashoff, Offenburg
Printed in Slovakia/Imprimé en Slovaquie